RATUS POCHE

COLLECTION DIRIGÉE PAR JEANINE ET JEAN GUION

Ratus et les lapins

Les aventures du rat vert

- Le robot de Ratus
- Les champignons de Ratus
- Ratus raconte ses vacances
- Ratus et la télévision
- Ratus se déguise
- Les mensonges de Ratus
- Ratus écrit un livre
- L'anniversaire de Ratus
- Ratus à l'école du cirque
- Ratus et le sapin-cactus
- Ratus et le poisson-fou
- Ratus et les puces savantes
- Ratus en ballon
- Ratus père Noël
- Ratus chez le coiffeur
- Ratus et les lapins
- Ratus aux sports d'hiver
- Ratus pique-nique
- Ratus sur la route des vacances
- La grosse bêtise de Ratus
- Ratus chez les robots
- Ratus à la ferme
- Ratus champion de tennis
- La classe de Ratus en voyage
- Ratus en Afrique
- Ratus et l'étrange maîtresse
- Ratus à l'hôpital
- Ratus et la petite princesse
- Ratus et le sorcier
- Ratus gardien de zoo

© Hatier Paris 2003, ISSN 1259 4652, ISBN 2-218 74376-0

ance
olo
vec de gros
isous Pépé Mémé Aller

Ratus et les lapins

Une histoire de Jeanine et Jean Guion
illustrée par Olivier Vogel

HATIER

LES PERSONNAGES
DE L'HISTOIRE
Ratus
l'affreux rat vert
Marou et Mina
qui aiment rire et jouer
Aristide Lenchanteur
le cabanologue

Le rat vert a gagné beaucoup d'argent à un concours.

– Que vas-tu faire de tous tes sous ? lui demande Marou.

– Je vais acheter un terrain, dit Ratus. Je
ferai construire un grand immeuble et je
louerai les appartements à des lapins. Ça 1
me rapportera beaucoup d'argent et je
pourrai acheter beaucoup de fromages.

Que veut faire Ratus avec son argent ?

– Tu crois que les lapins voudront habiter dans ton immeuble ? demande Mina.

– Bien sûr, dit le rat vert. Ils auront tous une terrasse où ils pourront faire pousser de l'herbe pour la manger.

– Mais c'est difficile de construire un immeuble, dit Marou.

– Taratata ! dit le rat vert. J'ai pensé à tout.

Mina est très étonnée. Ratus semble avoir un secret :

– J'ai demandé l'aide d'un spécialiste des 2
maisons pour lapins : «un cabanologue». 3
D'ailleurs, ajoute Ratus, je vous quitte, j'ai rendez-vous avec lui. A tout à l'heure !

Chez qui Ratus va-t-il ?

– Entrez donc, mon cher ami, dit Aristide Lenchanteur au rat vert.

Ratus se dit que ce cabanologue a l'air
très gentil. Il l'appelle «cher ami», lui, le
rat vert. Tout ému et flatté, Ratus dit 4
d'une voix timide :

– Bonjour, monsieur le cabanologue diplômé.

– Cher ami, reprend Lenchanteur, je devine que vous voulez construire...

– Un immeuble à lapins ! coupe le rat vert. 5

– Oh ! Oh ! mais c'est une très bonne idée, monsieur Ratus. Et vous allez gagner beaucoup d'argent.

– Alors, je pourrai acheter beaucoup de fromages, ajoute Ratus.

Quel est le contrat que va signer Ratus ?

8

Le sieur Ratus demande au sieur Lenchanteur de s'occuper à sa place d'un élevage de lapins. Le sieur Lenchanteur devra acheter les lapins, les nourrir et en surveiller l'élevage aux frais de Ratus. En échange, le sieur Lenchanteur pourra vendre tous les lapins aux bouchers de Ville-Ratus.

Fait à Ville-Ratus,
le 21 mai 1988.

9

Le sieur Ratus demande au sieur Lenchanteur de s'occuper à sa place de la construction de cages à poules. Le sieur Lenchanteur devra dessiner les plans des cages et acheter les poules et le coq. En échange, le sieur Ratus devra donner au sieur Lenchanteur tous les œufs qu'il ramassera.

Fait à Ville-Ratus,
le 21 mai 1988.

10

Le sieur Ratus demande au sieur Lenchanteur de s'occuper à sa place de la construction d'un grand immeuble à lapins. Le sieur Lenchanteur devra dessiner les plans de cet immeuble et en surveiller la construction. En échange le sieur Ratus devra souvent payer le sieur Lenchanteur.

Fait à Ville-Ratus,
le 21 mai 1988.

– Nous allons d'abord signer un contrat 6
dit le cabanologue.
Et le rat vert signe le contrat.
– Maintenant, dit Aristide Lenchanteur,
vous devez me signer un chèque. 7
Et le rat vert signe son premier chèque au cabanologue.
– Au fait, demande celui-ci, avez-vous un terrain ?
– Heu, non... bredouille Ratus. 8
– J'ai un ami qui en vend un. C'est un joli terrain, juste à côté de l'aéroport. Il est très pratique pour les lapins voyageurs : ils descendent de l'avion et ils sont tout de suite chez eux !

Où est la photo du Concorde ?

Le cabanologue dit-il la vérité ?

14 Oui.

15 Non.

– Près de l'aéroport, c'est bruyant, dit le 9
rat vert.

– Pas du tout, affirme le cabanologue. Les avions modernes sont silencieux. Ils ne font pas plus de bruit qu'une bicyclette !

– Ça, c'est pas vrai ! dit Ratus.

– Quoi ? crie Lenchanteur, vous avez déjà entendu le Concorde, vous ?

– Non, avoue Ratus, j'ai vu le Concorde en photo, mais je ne l'ai jamais entendu.

– Vous voyez, dit Lenchanteur en faisant un grand geste du bras, je vous l'avais dit : le Concorde, on ne l'entend pas !

Ratus ne veut pas du terrain près de l'aéroport. Pourquoi ?

16 Ce n'est pas pratique.

17 On ne peut pas y faire du vélo.

18 C'est bruyant.

19

20

Où est le bon dessin ?

21

Mais le rat vert a des doutes :

– Le Concorde, peut-être, mais les petits avions, ils font du bruit, eux.

– Mais non, dit le cabanologue, les petits font toujours moins de bruit que les gros ! Sinon, à quoi cela servirait-il d'être gros, hein ? Je vous le demande !

Ratus ne sait pas quoi répondre. Il dit timidement :

– On verra plus tard pour le terrain. Faites-moi d'abord un plan d'immeuble à lapins. Je veux un grand immeuble pour beaucoup de lapins.

Là-dessus, le cabanologue tape sur l'épaule de Ratus. Il l'appelle «mon cher ami» et il le reconduit jusqu'à l'ascenseur.

Quel est le plan de l'immeuble de Ratus ?

Une semaine plus tard, le facteur apporte une grande enveloppe à Ratus.

– Venez voir ! crie le rat vert par-dessus son mur pour appeler Marou et Mina. J'ai reçu les plans de mon immeuble à lapins.

Nos trois amis s'assoient autour d'une table et Ratus déplie son plan. On y voit un immeuble de trente mètres de long et de dix étages de haut. Les appartements ont tous une terrasse où l'on peut faire pousser de l'herbe. Le cabanologue a même dessiné une piscine qu'il a coloriée en bleu.

– C'est joli, dit Ratus. Ça va me rapporter beaucoup d'argent et je pourrai acheter beaucoup de fromages.

Qui va construire l'immeuble de Ratus ?

Ratus a acheté un grand terrain près de la forêt, à deux kilomètres de la ville. Ensuite, il a téléphoné au cabanologue pour lui annoncer qu'on pouvait commencer la construction de l'immeuble à lapins.

– Il faut choisir un maçon, a dit Aristide Lenchanteur. Justement, j'ai un ami qui fait des prix à mes amis...

Et Ratus a dû envoyer un autre chèque au cabanologue.

Quelle solution Marou propose-t-il au rat vert ?

Les mois passèrent. Un jour, Marou et Mina s'aperçurent que Ratus n'avait pas ouvert ses volets. Ils allèrent frapper à sa porte.

– Qu'est-ce qui t'arrive, Ratus ? demande doucement Mina.

– Je n'ai presque plus de sous, dit le rat vert tout triste. Et l'immeuble en est seulement au septième étage !

– Mets un toit tout de suite, dit Marou.

– Un immeuble de sept étages, c'est bien plus joli qu'un immeuble de dix étages ! ajoute Mina.

– Bonne idée, dit le rat vert.

Où est la petite annonce de Ratus ?

Six mois plus tard, l'immeuble de Ratus
est enfin terminé. Le rat vert passe aussitôt
une petite annonce dans le «Courrier des
lapins», pour trouver des locataires. 11
Tout le monde se souviendra du lundi
suivant. Les braves gens de Ville-Ratus
étaient tous à leur fenêtre. Il venait des
lapins de partout, en voiture, à pied, à
vélo, à moto, et même en landau ! Voyant 12
cette foule se diriger chez Ratus, les
gendarmes ont d'abord cru que le rat
vert avait fait un miracle, et qu'il avait
transformé ses fromages en carottes.
Mais quand ils ont lu la petite annonce,
ils ont compris.

Reconnais-tu le troisième lapin de l'histoire ?

Tous les lapins de la ville et des environs défilent chez Ratus.

– Les chambres sont bien trop petites, dit le premier. Vous pensez, ma femme attend huit bébés pour la semaine prochaine !

– Il n'y a pas de salle de bain, dit le deuxième.

– Je ne mange plus d'herbe à lapins depuis longtemps, dit le troisième. Maintenant, j'achète des croquettes de carottes.

– Ce n'est pas possible, dit le quatrième, il n'y a pas de garage à vélos. Où voulez-vous que je range les vélos de mes quarante-cinq enfants ?

– Je ne sais pas nager, dit le cinquième en apercevant la piscine.

– Il n'y a pas de tennis, dit le sixième qui est sportif.

Qu'a fait Ratus quand les lapins sont revenus ?

Quand le septième a ouvert la bouche, Ratus s'est mis en colère.

– Puisque c'est comme ça, je ne loue plus !

A ce moment, le premier lapin est revenu sur ses pas :

– Les chambres sont mal faites, mais avec
des lits superposés, je dois réussir à caser 13
tous mes enfants.

– Après tout, dit le deuxième, je peux bien me passer de salle de bain. J'irai me laver dans la piscine.

Et ainsi de suite ! Tous ont d'abord critiqué 14
l'immeuble du rat vert, tous veulent
maintenant y habiter. Mais Ratus est vexé ! 15
Il est très, très en colère :

– Sortez d'ici, maudits lapins, je ne loue plus mon immeuble. Na !

Quelle est l'idée de Ratus ?

Marou et Mina essaient de calmer le rat vert.
– Voyons, ne t'énerve pas ! dit Marou. Il faut bien que tu loues ton immeuble.
– Non ! dit Ratus. Pas question. J'en ferai n'importe quoi, mais pas un immeuble à lapins.
Tout le monde se tait, bien ennuyé. 16
Tout à coup, Ratus s'exclame : 17
– J'ai une idée. Je vais transformer mon
immeuble en musée. On va ouvrir le 18
musée des fromages !

Une seule de ces photos a été prise devant le musée des fromages. Laquelle ?

43

44

45

Et c'est ainsi que Ville-Ratus est la seule ville au monde qui possède un musée des fromages. Les rats de tous les pays viennent le visiter.

Ce sont les lapins qui font une drôle de tête : sur chaque terrasse, on a installé une chèvre qui broute leur herbe. Avec le lait, un rat des champs est chargé de fabriquer un petit fromage. Ce fromage délicieux, fabriqué au septième étage de son musée, Ratus l'a appelé...

Devinez…

Le *Ratussou* !

POUR T'AIDER À LIRE

1

je **louerai**
(on prononce : *lou-ré*)
Louer un logement, c'est donner de l'argent pour pouvoir l'habiter.

2

un **spécialiste**
C'est une personne qui sait très bien faire quelque chose de difficile.

3

un **cabanologue**
C'est un mot inventé ! Un **cabanologue** est un spécialiste de la construction des cabanes.

4

il est **ému**
Il est touché, heureux.

il est **flatté**
Il est content, tout fier.

5

coupe le rat vert
Le rat vert **coupe** la parole au cabanologue.

6

un **contrat**
C'est une lettre signée par des personnes qui décident de faire quelque chose ensemble.

7

un **chèque**
On utilise un **chèque** pour payer à la place des billets.

8

il **bredouille**
On ne comprend pas ce qu'il dit.

9

bruyant
(on prononce : *brui-ian*)
Où il y a du bruit.

10

il a **des doutes**
Il se pose des questions, il ne croit pas ce que le cabanologue raconte.

11

un **locataire**
Une personne qui loue un logement.

12

un **landau**

13

des lits **superposés**

réussir à **caser**
Réussir à mettre, à faire tenir.

14

ils ont **critiqué**
Ils ont dit qu'il y avait des défauts.

15

il est **vexé**
(on prononce : *vèk-sé*)
Il n'est pas content car on lui a fait de la peine.

16

ennuyé
(on prononce : *en-nui-ié*)
Ils sont bien **ennuyés** parce qu'ils ne savent plus quoi faire.

17

il s'**exclame**
(on prononce : *èks-cla-me*)

18

un **musée**
Endroit où l'on montre une collection d'objets rares.

Les aventures du rat vert

- 1 Le robot de Ratus
- 3 Les champignons de Ratus
- 6 Ratus raconte ses vacances
- 8 Ratus et la télévision
- 15 Ratus se déguise
- 19 Les mensonges de Ratus
- 21 Ratus écrit un livre
- 23 L'anniversaire de Ratus
- 26 Ratus à l'école du cirque
- 29 Ratus et le sapin-cactus
- 36 Ratus et le poisson-fou
- 40 Ratus et les puces savantes
- 46 Ratus en ballon
- 47 Ratus père Noël
- 1 Ratus chez le coiffeur
- 2 Ratus et les lapins
- 9 Ratus aux sports d'hiver
- 13 Ratus pique-nique
- 23 Ratus sur la route des vacances
- 27 La grosse bêtise de Ratus
- 38 Ratus chez les robots
- 41 Ratus à la ferme
- 46 Ratus champion de tennis
- 8 La classe de Ratus en voyage
- 12 Ratus en Afrique
- 16 Ratus et l'étrange maîtresse
- 26 Ratus à l'hôpital
- 29 Ratus et la petite princesse
- 31 Ratus et le sorcier
- 33 Ratus gardien de zoo

Les aventures de Mamie Ratus

- 7 Le cadeau de Mamie Ratus
- 39 Noël chez Mamie Ratus
- 3 Les parapluies de Mamie Ratus
- 8 La visite de Mamie Ratus
- 31 Le secret de Mamie Ratus
- 5 Les fantômes de Mamie Ratus

Ralette, drôle de chipie

- 10 Ralette au feu d'artifice
- 11 Ralette fait des crêpes
- 13 Ralette fait du camping
- 18 Ralette fait du judo
- 22 La cachette de Ralette
- 24 Une surprise pour Ralette
- 28 Le poney de Ralette
- 38 Ralette, reine du carnaval
- 45 Ralette, la super-chipie !
- 4 Ralette n'a peur de rien
- 6 Mais où est Ralette ?
- 20 Ralette et les tableaux rigolos
- 44 Les amoureux de Ralette
- 48 L'idole de Ralette
- 11 Ralette au bord de la mer
- 34 Ralette et l'os de dinosaure

Les histoires de toujours

- 27 Icare, l'homme-oiseau
- 32 Les aventures du chat botté
- 35 Les moutons de Panurge
- 37 Le malin petit tailleur
- 41 Histoires et proverbes d'animaux
- 26 Le cheval de Troie
- 32 Arthur et l'enchanteur Merlin
- 36 Gargantua et les cloches de Notre-Dame
- 43 La légende des santons de Provence
- 49 Les malheurs du père Noël
- 21 L'extraordinaire voyage d'Ulysse
- 27 Robin des Bois, prince de la forêt
- 36 Les douze travaux d'Hercule
- 40 Les folles aventures de Don Quichotte
- 46 Les mille et une nuit de Shéhérazade

Super-Mamie et la forêt interdite

- 42 Super-Mamie et le dragon
- 43 Le Noël magique de Super-Mamie
- 44 Les farces magiques de Super-Mamie
- 39 Super-Mamie, maîtresse magique
- 42 Au secours, Super-Mamie !
- 45 Super-Mamie et la machine à rétrécir
- 50 Super-Mamie, sirène magique
- 37 Le mariage de Super-Mamie
- 39 Super-Mamie s'en va-t-en guerre !

L'école de Mme Bégonia

- 11 Drôle de maîtresse
- 14 Au secours, le maître est fou !
- 16 Le tableau magique
- 25 Un voleur à l'école
- 33 Un chien à l'école
- 47 Bonjour, madame fantôme !

La classe de 6e

- 14 La classe de 6e et les hommes préhistoriques
- 17 La classe de 6e tourne un film
- 24 La classe de 6e au Futuroscope
- 30 La classe de 6e découvre l'Europe
- 35 La classe de 6e et les extraterrestres
- 42 La classe de 6e et le monstre du Loch Ness
- 44 La classe de 6e au Puy du Fou

Achille, le robot de l'espace

- 31 Les monstres de l'espace
- 33 Attaque dans l'espace
- 34 Les pirates de l'espace
- 19 Les pièges de la cité fantôme

Collection Ratus Poche

Baptiste et Clara

- 30 Baptiste et le requin
- 35 Baptiste et Clara contre le vampire
- 37 Baptiste et Clara contre le fantôme
- 40 Clara et la robe de ses rêves
- 51 Clara et le secret de Noël
- 22 Baptiste et Clara contre l'homme masqué
- 32 Baptiste et le complot du cimetière
- 38 Clara superstar
- 41 Clara et le garçon du cirque
- 43 Clara, reine des fleurs
- 45 Clara et le cheval noir

Les enquêtes de Mistouflette

- 9 Mistouflette et le trésor du tilleul
- 30 Mistouflette sauve les poissons
- 34 Mistouflette et les chasseurs
- 5 Mistouflette et les tourterelles en danger
- 24 Mistouflette enquête au pays des oliviers
- 1 Mistouflette contre les voleurs de chiens
- 7 Mistouflette et la plante mystérieuse

Hors séries

- 2 Tico fait du vélo
- 4 Tico aime les flaques d'eau
- 5 Sino et Fanfan au cinéma
- 12 Le bonhomme qui souffle le vent
- 25 Sino fête son anniversaire
- 7 Mon copain le monstre
- 19 Le petit dragon qui toussait
- 28 Nina et le vampire
- 2 Les malheurs d'un pâtissier
- 3 Karim et l'oiseau blanc
- 4 Timothée et le dragon chinois
- 6 Le facteur tête en l'air
- 9 Romain, graine de champion
- 10 Le trésor des trois marchands
- 15 Une nuit avec les dinosaures

Conception graphique couverture : Pouty Design
Conception graphique intérieur : Jean Yves Grall • mise en page : Atelier JMH

Imprimé en France par Pollina, 85400 Luçon - n° 98687
Dépôt légal n° 30597 - décembre 2005